J. K. HUYSMANS

CROQUIS PARISIENS

EAUX-FORTES

DE

FORAIN ET RAFFAELLI

PARIS

HENRI VATON, LIBRAIRE-ÉDITEUR

23 et 25, quai Voltaire

1880

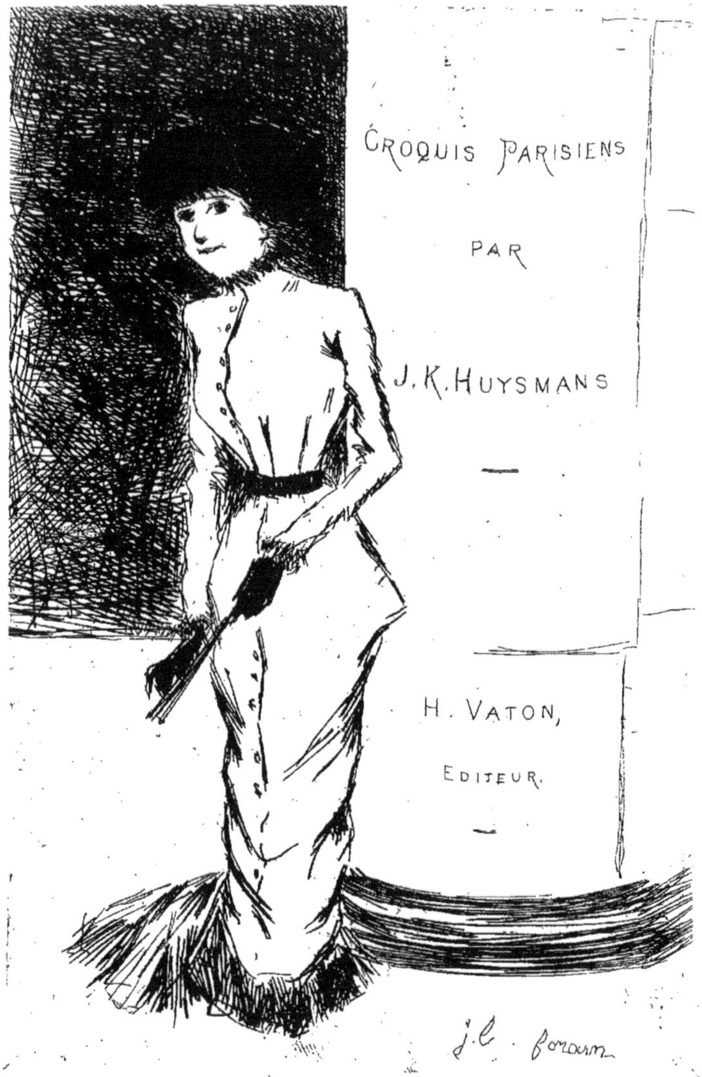
CROQUIS PARISIENS
PAR
J. K. HUYSMANS
H. VATON,
EDITEUR.
j.l. forain

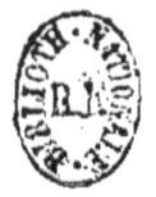

J. K. HUYSMANS

CROQUIS PARISIENS

EAUX-FORTES

DE

FORAIN ET RAFFAELLI

PARIS

HENRI VATON, LIBRAIRE-ÉDITEUR

23 et 25, Quai Voltaire

1880

LES FOLIES-BERGÈRE

I

Quand après avoir subi les cris de marchands de programmes et les invites de négociants s'offrant à vous cirer les bottes, l'on a franchi le comptoir où, parmi des Messieurs assis, un jeune homme debout, à moustaches rousses, porteur d'une jambe de bois et d'un ruban rouge, prend les cartes, assisté d'un huissier à chaîne, la scène du théâtre vous apparaît coupée au milieu du rideau par la masse plafonnante du balcon. L'on voit le bas de la toile, ses deux yeux grillés et devant elle le fer à cheval de l'orchestre plein de têtes, un champ inégal et remuant où sur la lueur monotone des crânes et le glacé des cheveux pommadés d'hommes, les chapeaux de femmes rayonnent avec leurs plumes et leurs fleurs partant de tous les côtés, en gerbes.

Un grand brouhaha s'élève de la foule qui se tasse. Une vapeur chaude enveloppe la salle, mélangée d'exhalaisons de toute sorte, saturée d'une âcre poussière de tapis et de sièges qu'on bat. L'odeur du cigare et de la femme s'accentue; les gaz brûlent plus lourds, répercutés par des glaces qui se les renvoient d'un bout du théâtre à l'autre; c'est à peine si la circulation devient possible, à peine si l'on peut apercevoir au travers de la haie touffue des corps, un acrobate qui se livre en cadence sur la scène à des exercices de voltige sur la barre fixe.

Un moment, dans le créneau formé par deux bouts d'épaules et par deux têtes, on l'entrevoit, courbé en deux, les pieds arcboutés et les mains cramponnées au bois, accélérant son mouvement de rotation, tournant furieusement sans forme humaine, crachant des étincelles comme ces soleils d'artifice qui virevoltent, en pétillant, dans une pluie d'or; puis, peu à peu, la musique qui se roule avec lui ralentit sa volute et, peu à peu aussi, la forme du clown reparaît, le rose du maillot tranche sur l'or qui, moins vivement secoué, fulgure par places seulement, tandis que, remis sur ses pieds, l'homme salue des deux mains la foule.

II

Alors qu'on monte à la galerie supérieure de la salle, escaladant au milieu de femmes dont les traînes bruissent, en serpentant sur les marches, un escalier où la vue d'une statue de plâtre, tenant en main des becs à gaz, rappelle immédiatement l'entrée d'une maison suspecte, la musique s'engouffre à votre suite, affaiblie d'abord, puis éclatante et plus nette qu'autre part au tournant de la cage. Une bouffée d'air chaud vous saute au visage et là, sur le palier, on voit le spectacle contraire, la vision complétée du bas, le rideau tombant du haut de la scène, coupé au milieu par le rebord rouge des loges découvertes, tournant en demi-lunes autour du balcon, suspendu à quelques pieds sous elles.

Une ouvreuse dont les rubans roses bouffent sur le bonnet blanc, vous offre un programme qui est une merveille d'art tout à la fois spiritualiste et positiviste : Indien qui maquille les cartes, dame qui s'intitule chiromancienne et graphologue, magnétiseur, somnambules, pythonises au marc de café, locations d'ocarinas et de pianos et vente à forfait de musiques pleurardes, voilà pour l'âme. — Réclames de bonbons, de corsets et de bretelles, guérison radicale des affections secrètes, traitement tout spécial des maladies de la bouche, voilà pour le corps. — Une seule chose interloque : une annonce de machines à coudre. L'on comprend encore celle d'une salle d'armes, il y a des gens si bêtes! Mais la Silencieuse et la Singer ne sont pas les outils dont se servent d'ordinaire les travailleuses d'ici; à moins pourtant que cette annonce ne soit placée là comme un symbole d'honnêteté, comme une invite aux labeurs chastes. C'est peut-être, sous une autre forme, la brochure morale que les Anglais distribuent pour ramener les créatures viciées à la vertu.

. . . .

L'imagination est décidément une bien belle chose; elle permet de prêter aux gens des idées encore plus bêtes que celles qu'ils ont eues sans doute.

III

A Léon Hennique.

Elles sont inouïes et elles sont splendides lorsque dans l'hémicycle, longeant la salle, elles marchent deux à deux, poudrées et fardées, l'œil noyé dans une estompe de bleu pâle, les lèvres cerclées d'un rouge fracassant, les seins projetés en avances sur des reins sanglés, soufflant des effluves d'opopanax qu'elles rabattent en s'éventant et auxquels se mêlent le

puissant arôme de leurs dessous de bras et le très fin
parfum d'une fleur en train d'expirer à leur corsage.

On regarde, ravi, ce troupeau de filles passer en musique sur un fond de rouge sourd, coupé de glaces, dans
un tournoiement ralenti de chevaux de bois courant en
rond, au son d'un orgue, sur un bout de rideau écarlate
orné de miroirs et de lampes; l'on regarde les hanches
remuer dans des robes bordées en bas comme d'un
remous d'écume par le blanc jupon qui se roule sous la
queue de l'étoffe. L'on hennit, en suivant le travail de ces
dos de femmes se coulant entre les poitrines d'hommes
qui, venant en sens inverse, s'ouvrent et se referment sur
elles, laissant entrevoir, par les interstices des têtes, des
derrières de chignons, allumés de chaque côté par le point
d'or d'un bijou, par l'éclair d'une pierre.

Puis, cet inépuisable quart sans cesse battu par les
mêmes femmes vous lasse et l'on dresse l'oreille à la
rumeur qui, se levant de la salle, salue l'entrée du chef
d'orchestre, un grand maigre connu par ses polkas de
barrière et par ses valses. Une salve d'applaudissements
part des pourtours du haut et du bas et des loges où des
blancheurs suspectes de femmes s'entrevoient dans la
pénombre; le maëstro s'incline, relève son chef coiffé
d'une tête de loup, ses moustaches de chinois poivre et
sel, son nez chaussé d'un binocle et, le dos tourné à la
scène, il conduit en habit noir et en cravate blanche,
remuant tranquillement de la musique, ennuyé et comme
pris de sommeil, puis tout à coup se tournant vers les
cuivres, il tient son bâton ainsi qu'une ligne, pêche le

coup de gueule de la reprise, extrait d'un geste sec des notes comme on arrache des dents, bat l'air en haut et en bas, pompe enfin de la mélodie comme on pompe d'une machine à bière.

IV

A Paul Daniel.

Le morceau de musique est terminé, un silence lui succède, et un coup de timbre retentit. La toile se lève, la scène reste pourtant vide, mais des hommes vêtus de blouses de toile grise à parements et à collets rouges courent dans tous les coins de la salle, tirant des cordes, défaisant des crampons, arrangeant des nœuds. Le vacarme reprend, deux ou trois hommes se démènent sur la scène, tandis qu'un mieux mis les regarde. On s'apprête à tendre un immense filet, au milieu de la scène, par dessus l'orchestre. Le filet oscille, quitte les parois du balcon où il est roulé puis, courant sur ses anneaux de cuivre, il bruit comme une mer qui joue avec des galets.

Des bravos crépitent dans toute la salle. L'orchestre moud une valse de clowns; une femme et un homme entrent, habillés de maillots chair, avec des hausse-cols et des caleçons d'allure japonaise, bleu indigo et bleu turquoise, lamés d'argent, à franges; la femme, une Anglaise, fardée à outrance sous ses cheveux jaunes, un plantureux derrière saillant sur des jambes robustes, l'homme plus grêle en comparaison, la tête très peignée, les moustaches en crocs. Le fixe sourire des sydonies tournantes des coiffeurs erre sur leurs faces nettoyées d'hercules. L'homme s'élance sur une corde, se hisse jusqu'au trapèze qui pend, devant la toile, au milieu de cordages et de vergues, entre des lustres, au plafond, et, assis sur la barre qui lui refoule la chair des cuisses, il exécute rapidement quelques tours de passe-passe, s'essuyant de temps à autre les mains à un mouchoir attaché à l'une des cordes.

La femme monte à son tour jusqu'au filet qui plie sous elle, le traverse d'un bout à l'autre, renvoyée à chaque pas comme par un tremplin, ses nattes couleur soufre lui dansant en lumière sur la nuque, et, grimpée sur une petite plate-forme pendue au dessus du balcon, posée en face de l'homme, séparée de lui par toute la salle, elle attend. Tous les yeux sont braqués sur elle.

Les deux jets de lumière électrique dardés sur son dos, du fond des Folies, l'enveloppent, se brisant au tournant de ses hanches, l'éclaboussant de la nuque aux pieds, la gouachant pour ainsi dire d'un contour d'argent, passant de là séparément au travers des lustres, presqu'invisibles dans leur trajet, réunis et épanouis à leur arrivée sur l'homme au trapèze en une gerbe d'une lumière bleuâtre qui allume les franges de son caleçon de micas scintillants comme des points de sucre.

La valse continue plus lentement avec des ondulations ralenties de hamac, des remuements presqu'insensibles de berceuse, accompagnant la mesure douce du trapèze, l'ombre double de l'homme projetée par les deux rayons de lumière électrique sur le haut de la toile.

Penchée un peu en avant, la femme saisit, elle aussi, un trapèze d'une main et se retient de l'autre à une corde. L'homme dégringole pendant ce temps, reste suspendu par les pieds, à la barre de son trapèze, immobile, la tête en bas, les bras tendus.

Alors la valse s'arrête net. Un grand silence se fait coupé tout à coup par la détonation d'une bouteille de champagne. Un frémissement court dans le public, un « all right » traverse la salle, la femme lancée à toute volée, file sous la lumière des lustres, tombe, lâchant le trapèze, les pieds en avant, dans les bras de l'homme qui, au coup fracassant d'une cymbale, à la reprise de la valse montant triomphale et joyeuse, la balance, une minute, par les jambes et la jette dans le filet où elle rebondit avec son maillot d'azur et d'argent, comme un poisson qui roule et saute dans un épervier.

Des trépignements, des claquements de mains, des chocs de cannes contre le plancher, accompagnent, pendant leur descente, les acrobates. Une fois disparus entre des portants, des cris s'élèvent plus tumultueux, l'homme et la femme reviennent, l'un, saluant très bas, l'autre, envoyant des baisers à pleines mains, puis, avec un petit saut d'enfants, ils se retirent de nouveau dans les coulisses.

Le filet qu'on ramène remplit encore la salle de son bruit de lames qui déferlent.

.   .   .   .

Et voilà que je songe à Anvers maintenant, au grand port où dans un roulement pareil s'entend le « all right » des marins Anglais qui vont prendre le large. C'est ainsi pourtant que les lieux et les choses les plus disparates se rencontrent dans une analogie qui semble bizarre, au premier chef. L'on évoque dans l'endroit où l'on se trouve les plaisirs de celui où l'on se ne trouve pas. Ça fait tête-bêche, coup double. C'est la courte joie que le présent inspire, déviée à l'instant où elle lasserait et prendrait fin et, renouvelée et prolongée, en une autre qui, vue au travers du souvenir, devient tout à la fois plus réelle et plus douce.

V

Le ballet commence. Le décor représente un vague intérieur de sérail, plein de femmes encapuchonnées qui se dandinent comme des ourses. Un Ottoman de mardi-gras, la tête couverte d'un turban et la bouche munie d'un chibouck, fait claquer son fouet. Les capuchons tombent, montrant des almées, raccolées dans le fond d'une banlieue, en train de sautiller, au son d'une musique de bastringue, égayée de temps à autre par l'air de « la casquette au père Bugeaud » introduit dans de la mazurke pour justifier sans doute l'arrivée d'une fournée de femmes costumées en spahis.

C'est, à un moment, sous les jets de lumière électrique qui inondent la scène, un tourbillon de tulle blanc, éclaboussé de feux bleus, avec du nu de chair sautant au centre ; puis, la première danseuse, reconnaissable surtout à son maillot de soie, apparaît, fait quelques pointes sur les talons, remue ses faux sequins qui l'enveloppent comme d'une ronde de points d'or, bondit et s'affaisse dans ses jupes, simulant la fleur tombée, les pétales en bas et la tige en l'air.

Mais tout cet oriental de mi-carême éclatant dans un fracas d'apothéose n'a pu faire oublier aux connaisseurs que, parmi ces grandes bringues secouant en cadence leurs puces, une seule fut intéressante, celle costumée en officier de spahis, avec un large pantalon bleu flottant, de mignonnes bottes rouges, le spencer à soutaches d'or, le petit gilet écarlate collant, moulant le sein, dessinant la pointe tenue droite. Elle dansait comme une chèvre mais elle était adorable et ignoble, avec son képi galonné, sa taille de guêpe, son gros derrière, son bout de nez retroussé, sa mine gentîment canaille et luronne. Telle quelle, cette fille évoquait des barricades et des rues dépavées, exhalait un fumet de trois-six et de poudre, dégageait un épique de populace, une emphase de guerre civile, mitigée par des noces crapuleuses, en armes.

Invinciblement, l'on a songé devant elle à ces époques surexcitées, à ces soulèvements où la Marianne de Belleville lâchée, se rue pour délivrer une patrie ou défoncer une tonne.

VI

Un cimetière au fond ; à droite, une tombe avec cette inscription : ci gît... tué en duel. — La nuit ; un peu de musique en sourdine ; personne. Soudain, par les portants de droite et de gauche, s'avancent lentement, suivis de leurs témoins, deux pierrots en habits noirs : l'un, grand, maigre, rappelant le type créé par Debureau, une longue tête de cheval, enfarinée, des yeux clignotants sous des paupières blanches, l'autre plus ramassé, plus boulot, le nez court, goguenard, la bouche crevant d'un trou rouge le masque blême.

L'impression produite par l'entrée de ces hommes est glaciale et grande. Le comique tiré de l'opposition de ces corps noirs et de ces visages de plâtre disparaît; la sordide chimère du théâtre n'est plus. La vie seule se dresse devant nous, pantelante et superbe.

Les pierrots lisent l'inscription de la tombe et reculent d'un pas; ils détournent en tremblant la tête, et voient un médecin en train de dérouler des bandes de toile et de préparer tranquillement sa trousse.

L'angoisse d'une figure qui se décompose passe sur leurs faces blafardes; cette maladie nerveuse, terrible, la peur les cloue, vacillants, sur place.

Campés vis à vis l'un de l'autre, les voilà qui, à la vue des épées qu'on tire des serges, s'effarent davantage encore. Le tremblement de leurs mains s'accentue, les jambes flageolent, le cou suffoque, la bouche remue, la langue bat sans salive et cherche haleine, les doigts errent et se crispent sur la cravate qu'ils doivent défaire.

Puis, la terreur grandit encore et devient si impérieuse et si atroce, que les nerfs déjà rebellés se détraquent d'un coup et s'emportent sans qu'on puisse les tenir. Une idée fixe surgit dans le cerveau bouleversé de ces hommes, prendre la fuite et ils se précipitent, culbutant tout, poursuivis et ramenés par les témoins qui les remettent, face à face, et l'épée au poing.

Alors, après une dernière révolte de la chair qui s'insurge contre le carnage qu'on attend d'elle, une énergie de bêtes acculées leur vient et ils se jettent, affolés, l'un sur l'autre, tapant et piquant au hasard, soulevés par d'incroyables bonds, inconscients, aveuglés et assourdis par l'éclat et le cliquetis du fer, tombant brusquement,

à bout de forces, comme des mannequins dont le ressort
casse.

Terminée en une pantalonnade excessive, en une charge
désordonnée, cette cruelle étude de la machine humaine
aux prises avec la peur, a fait se tordre et pouffer la salle.
De l'examen attentif de ces rires, il est résulté pour moi
que le public ne voyait dans cette admirable pantomime
qu'une parade de funambules, destinée à rendre plus com-
plet sans doute l'aspect de foire que prennent les Folies-
Bergère, dans ces coins où elles arborent des tourniquets
et des jeux de boules, des femmes à barbe et des tirs.

Pour les esprits plus réfléchis et plus actifs, la question
est autre. Toute l'esthétique de l'école caricaturale
Anglaise est de nouveau mise en jeu par les scénarios de
ces désopilants et funèbres acrobates, les Hanlon-lees!
Leur pantomime si vraie dans sa froide folie, si féroce-
ment comique dans son outrance, n'est qu'une incarna-
tion nouvelle et charmante de la farce lugubre, de la bouf-
fonnerie sinistre, spéciales au pays du spleen et déjà
exprimées et condensées par ces merveilleux et puissants
artistes : Hogarth et Rowlandson, Gillray et Cruikshank.

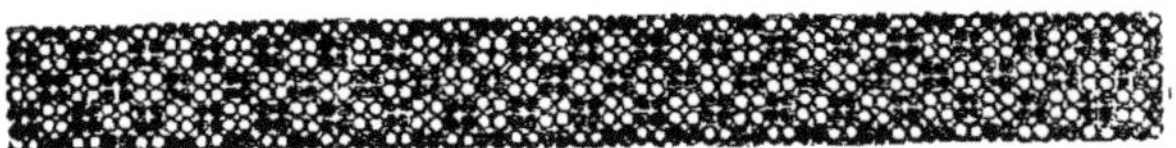

VII

I l existe pour les Folies deux séries de valses néces-
saires et charmantes : l'une pirouettante et joyeuse,
rendant le balancé des trapèzes, les culbutes pres-
tigieuses des clowns, le rythme du corps qui se hausse et
se baisse à la force des bras, dodeline, retenu seulement
par les jambes, remonte, la tête longeant l'estomac et
le ventre, les bras reprenant la place des pieds qui rebat-
tent l'air de leurs souliers frottés de craie ; l'autre mala-
divement voluptueuse, montrant l'œil injecté et les mains
tremblantes des polissonneries interrompues, les élans
arrêtés par la présence d'un tiers, la paillardise avortant

en plein trafic, faute de souffle, les corps crispés et attendant, aboutissant enfin, par le fracas triomphal des cym-
bales et des cuivres, dans le cri de douleur et de joie de
la chose venue.

C'est un non sens par exemple de jouer dans cette salle
du *Robert le Diable*. Ça détonne comme une tête de père
noble dans une partie fine. Il faut ici de la musique
pourrie, canaille, quelque chose qui enveloppe de caresses
populacières, de baisers de la rue, de gaudrioles à vingt
francs la pièce, le lancé des gens qui ont copieusement et
chèrement dîné, des gens las d'avoir brassé des affaires
troubles, traînant dans ce pourtour l'ennui de saletés qui
peuvent tourner mal, inquiétés par leurs courtages louches de valeurs et de filles, égayés par des joies de for-
bans qui ont réussi leurs coups et se grisent avec des
femmes peintes, au son d'une musique d'arsouilles.

VIII

Ce qui est vraiment admirable, vraiment unique, c'est le cachet boulevardier de ce théâtre.

C'est laid et c'est superbe, c'est d'un goût outrageant et exquis ; c'est incomplet comme une chose qui serait vraiment belle. Le jardin avec sa galerie du haut, ses arcades découpées en de grossières guipures de bois, avec ses losanges pleins, ses trèfles évidés, teints d'ocre rouge et d'or, son plafond d'étoffe à pompons et à glands, rayé de grenat et de bis, ses fausses fontaines Louvois, avec trois femmes adossées entre deux énormes soucoupes de simili-bronze, plantées au milieu de touffes vertes, ses allées tapissées de tables, de divans de jonc, de chaises et de comptoirs tenus par des femmes amplement grimées, ressemble tout à la fois au bouillon de la rue Montesquieu et à un bazar algérien ou turc.

Alhambra-Poret, Duval-Moresque, avec une vague senteur en plus de ces estaminets-salons ouverts dans l'ancienne banlieue et ornés d'orientales colonnades et de glaces, ce théâtre, avec sa salle de spectacle dont le rouge flétri et l'or crassé jure auprès du luxe tout battant neuf du faux jardin, est le seul endroit à Paris qui pue aussi délicieusement le maquillage des tendresses payées et les abois des corruptions qui se lassent.

TYPES DE PARIS

LE CONDUCTEUR D'OMNIBUS

Arrêtez, arrêtez!

— Ding!

— Ouf — et hautement retroussée et la face rouge comme une pivoine, la grosse mère, tenue sous les bras par le conducteur, trébuche dans la voiture et va s'échouer avec un ahan sourd, entre les deux petites barres d'acajou qui limitent sa place.

Le conducteur fouille dans son escarcelle et rend la monnaie à l'énorme dondon qui déborde de la banquette, puis il escalade le toit de l'omnibus où, tassés sur du bois, des corps d'hommes assis s'agitent péniblement derrière le dos d'un cocher dont le fouet claque. Appuyé sur la rampe de l'impériale, il touche ses trois sous et redescend puis s'assied sur un petit banc mobile qui barre l'entrée de la voiture. Plus rien à faire. C'est alors que notre homme regarde négligemment les malheureux qui roulent cahotés dans un bruit de ferrailles, de vitres secouées, de pétarades de chevaux et de coups de timbres. Il écoute le ronchonnement d'un gosse assis sur les genoux de sa mère et dont les jambes battent en mesure les rotules voisines ; puis, fatigué de voir ces deux rangs de passagers qui se saluent à chaque secousse, il se détourne et contemple vaguement la rue.

A quoi peut-il songer alors que la carriole court de guingois toujours dans les mêmes ruisseaux, toujours dans les mêmes routes ? Il a pour se divertir les écriteaux qui se balancent au vent et indiquent les logements à louer, les boutiques fermées pour cause de décès et de mariage, la litière qui croupit devant la porte d'un malade riche. Cela est bon, le matin, quand le seau roulant commence son travail des Danaïdes recevant et rejetant tour à tour le flot des voyageurs, mais dans la journée, après qu'il a épelé les affiches, agacé le chien de la fruitière qui jappe dès qu'il l'aperçoit, que faire? à quoi penser? la vie serait d'une monotonie insupportable si, de temps à autre, on ne pinçait un filou, la main dans une poche qui n'est pas la sienne. Et puis cette assemblée de femmes et d'hommes ne lui donne-t-elle pas un spectacle vieux comme le monde mais toujours réjouissant? une petite dame est assise et ferme les yeux, un jeune homme est en face. Quel manège pour que ces deux êtres qui ne se sont jamais vus, arrivent, sans dire mot et d'un commun accord, à descendre, à la suite l'un de l'autre, et à tourner au même coin de rue. Ah! à défaut de la voix et du geste, quelle phrase ardente ou rêveuse peut exprimer une jambe qui s'approche furtive, frôle celle de la voisine comme une chatte amoureuse qui caresse et fait son ronron, se retire un peu sentant l'autre se dérober à son étreinte, revient et trouvant la résistance moins vive, se hasarde à serrer doucement le pied.

Que de souvenirs de jeunesse, hein, conducteur? te rappelles-tu tes jeunes années avant qu'un monsieur bien mis et l'abdomen ceint d'une écharpe, t'ait, au nom de la loi, uni par des liens indissolubles, à la tourmente de ta vie, à ta Mélanie de malheur? ah! tu as le temps de penser à cette gothon qui te bouscule, te fait manger froid et te traite de propre à rien et de feignant, si tu as bu le divin reginglat à coups plus pressés que de coutume!

S'il y avait seulement moyen de divorcer et d'en reprendre une autre, d'être comme Machut qui est si heureux en ménage, la vie serait moins dure, la marmaille mieux élevée et mieux nourrie, l'on supporterait moins impatiemment les reproches de ses chefs; et le mari déçu contemple une apprentie modiste en train de regarder, au fond de la voiture, au travers des vitres et par dessus la croupe galopante des chevaux, le fourmillement de la rue. Elle a l'air doux, cette petite, elle a encore les mains rouges, on serait heureux avec une telle jeunesse, oui, mais.....

— Les voyageurs pour Courcelles!

— Y a-t-il des correspondances ?

— Montez, numéros 8, 9, 10.

— Ding ! ding ! ding !

— Et la voiture repart avec sa cargaison de bras, de têtes, de jambes. La fillette est descendue et trottine au loin, avec sa caisse de toile cirée. Le conducteur ne peut se défendre de penser à elle et il passe en revue les qualités qu'elle aurait pu avoir.

Il lui semble la voir rougissant sous la douce piqûre de sa moustache ; oh ! bien sûr qu'elle ne serait point comme sa femme quinteuse et revêche ! Il est à cent lieues de la réalité et il vit en plein dans le pays des rêves, quand le cri bien connu le rappelle de nouveau aux exigences du service.

— Arrêtez, arrêtez !

— Ding !

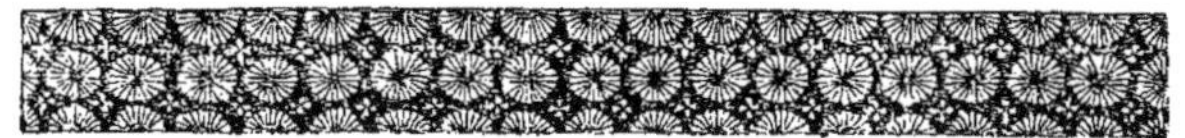

L'AMBULANTE

L e vice a pour elle comme pour les autres rempli sa tâche coutumière. Il a affiné et rendu désirable la laideur effrontée de son visage. Sans rien perdre de la grâce faubourienne de son origine, la fille est devenue avec ses parures emphatiques et ses charmes audacieusement travaillés par les pâtes, apéritive et tentante pour les appétits blasés, pour les sens alentis qu'émoustillent seulement les véhémences des maquillages et les tumultes des robes à grand spectacle.

Elle a atteint à cette distinction dans le canaille si délicieuse chez les filles décrassées du peuple. La souillon a perdu son hâle et son faguenas de pauvresse sale ; alors la cendre des conchas remplace le culot des pipes ; le verre en tulipe, le godet ; les bouteilles de hauts crûs, veloutées de poussière, les grossiers litrons de picolo et de vin bleu ; la couchette de fer se change en un large lit capitonné et plafonné d'étoffes et de glaces ; l'ambulante éblouit maintenant avec sa façade de chairs soigneusement réparée au biodure d'hydrargyre et aux plâtres, puis la débâcle vient brutalement, un soir. Polyte qui lui servait en cachette un amour salé de coups de bottes s'est imprudemment attardé et le sérieux et bienfaisant caissier quitte la place et retourne dans sa famille où il reproche quotidiennement à ses fils le désordre de leurs mœurs.

Les hauts et les bas se succèdent maintenant ; une garnison de tout âge a logé chez elle ; aux aguets devant la porte d'un café, son œil, reculé par du bistre, tend des gluaux, mais le sourire impudent et douloureux de sa bouche épouvante le vulgaire chaland qui ne demande le bonheur qu'aux baisers réguliers et aux grimaces prévues.

Sa beauté mystérieuse et sinistre passe donc incomprise et, par le chaud, par le froid, pendant des soirées entières, pendant des nuits, elle demeure à l'affût, braconnant, tirant sur le gibier qui détale, abattant des pochards, dans ses nuits de chance.

Mais la plupart du temps elle rentre bredouille, le ventre vide, l'estomac trompé par l'alcool, la pituite faisant rage et elle se couche, accablée, seule, pensant à l'horrible goujat qui l'a perdue, à ses impatients rendez-

vous dans ce cabaret de la place Pinel dont l'ignoble
fronton se pavoise de ces mots : « Buvons un rigolboche. »

Si lointaine et si effacée que puisse être cette époque,
l'ambulante la revit encore dans ces lucides insomnies que
procurent les soûleries incomplètes et les grandes fatigues.
Vidée et rendue, elle tressaille encore au souvenir des
câlineries et des régalades dont elle abreuvait cet
homme. Des détails d'un émouvant et stupide intérêt lui
reviennent ; elle revoit ses cheveux effilés sur l'oreille
comme des cornes de bœufs, ses chemises de couleur à
pois, ses cravates qu'elle lui nouait elle-même, ses bécots
et ses enjôleries quand il voulait de l'argent pour offrir à
ses autres conquêtes un verre de rigolboche, ce jus rose
vanillé au foin, ce marasquin des chiffortonnes !

Et le matin emplit la chambre et l'après-midi se passe ;
il faut se lever pourtant et s'atteler de nouveau à la dure
vie qu'on lui a faite. Semblable à la veille, le jour s'é-
coule, pareil au lendemain qui va suivre. Les acheteurs
diminuent encore ou ils lui filoutent lâchement le prix
de ses peines.

Grugée de nuit, grugée de jour, rongée par une inex-
tinguible soif, elle ne peut qu'étancher celle de Polyte
qui lui délivre en récompense d'extraordinaires roulées
de coups de bottes.

Puis l'impérieuse débine s'accentue, car ces amours et
ces râclées, ces famines et ces noces creusent les yeux
qui capotent maintenant dans la face meurtrie. Sous
peine de mourir complètement de faim, il faut désormais

combler les gouffres des épaules ou contenir dans les bar-
rières du corset, l'ampleur débordée des chairs ; les
bourres, les digues de baleines, le vernissage des traits et
la sauce des fards mettent la bourse de l'ambulante à sec.
La moisson de ses vices est mûre et la brême menace. Eh
houp! le tombereau et aux greniers de Lourcine !

LA BLANCHISSEUSE

epuis Nausicaa d'Homérique et ennuyeuse mémoire, les Reines ne lavent plus leur linge
elles-mêmes, et si j'excepte ces déesses élues à
la mi-carême, dans le clapotis des litres et le cahot des
verres, le nettoyage des jupons et des bas est depuis longtemps confié à de bonnes soussouilles dont les gros bras
font marcher le fer. Depuis nombre d'années, les blanchis-
seuses ne sont plus parfumées au benjoin et à l'ambre
comme les roses lavandières de Lancret ou, si celles-ci
existent encore, elles n'exercent leur métier que par
intermittences et leur véritable profession est sans doute
plus lucrative mais moins avouable.

Ah! leur réputation est mauvaise... Ah! les vieilles rôdent comme des chiennes, briffent et boissonnent, assoiffées par le feu des poêles... ah! les jeunes gourgandinent, enragées d'amour et courent de longues pretentaines au sortir des lavoirs!... Eh bien quoi? Pensez-vous donc que leur vie soit gaie et qu'elles n'aient point le droit d'enterrer au fond des chopines ou des lits, la tristesse des journées longues? Eh! qu'elles aiment et qu'elles boivent! car travailler debout, sous la pluie qui tombe des linges pendus aux fils, sentir l'eau qui glisse sur les frisons de la nuque et coule lentement dans le ravin du dos, respirer à pleine bouche la buée des lessives, avoir les reins brûlés par le feu de la mécanique, brimballer sur l'épaule des charretées de draps, se déhancher à soutenir un panier énorme, marcher, courir, ne jamais se reposer, tremper les chemises dans l'eau bleue, les tordre, les faire essorer, les repasser au fer chaud, amidonner les manchettes, tuyauter les bonnets, être aussi inexacte que possible, démarquer le linge ou le perdre, le détériorer, se le faire rendre sans paiement de la note par les femmes et le faire accepter contre argent par les hommes, c'est là leur effroyable tâche, leur effroyable vie!

Et combien d'entr'elles passeront encore par les dernières étapes de la Passion! Leur chemin de croix commence au tisonnement du poêle et finit au baquet des rivières! Quand l'âge a éteint les rumeurs de leurs chairs et fait se dresser devant elles comme consolation suprême le verre de casse-gueule, alors qu'elles ont inutilement erré jusqu'à neuf heures du matin, dans le marché de la

rue aux Ours, en quête d'une patronne pressée d'ouvrage,
elles vont s'échouer, catarrhales, dans ce quartier que la
Bièvre trempe de ses eaux malades, couleur de cachou et
de nèfle. Accroupies, là, depuis les rougeurs de l'aube
jusqu'aux fumées du crépuscule, auprès de monstres,
vêtues de guenilles, coiffées de marmottes et enterrées
jusqu'aux aisselles dans des futailles, elles savonnent à
tour de bras, frappent à tour de battoir, le linge qui
s'égoutte sur la planche.

Vues de dos, quand elles sont enfoncées dans des bouillons d'eau sale, leurs échines font saillie sous le canezou
crasseux, des brindilles de tignasse courent à la déban-
dade sur leur peau vernissée comme la pelure des oignons
et elles sont là, efflanquées et mornes, abritant leurs
chefs moussus sous de vieux parapluies rouges, hurlant
comme des louves après les gamins qui les insultent,
redressant leur squelette courbé sous la hotte de linge,
un poing sur la hanche, l'autre à la bouche, en guise de
porte-voix, jetant sur tous ceux qui passent ces gueulées
d'injures qui leur ont mérité le surnom de l'argot « les
baquets insolents. »

LE GEINDRE

O mélancolique inventeur des yeux noirs qui brûlent sans flammes et des lèvres tout à la fois irritantes et froides, peintre des Cydalises désarmées qui reflètent leur traîne de moire rose dans le bleu des lacs, Watteau ! J'ai, par l'une de ces dernières et froides nuits, songé à ton Gille goguenard dont le blanc visage s'allume de prunelles inquiètes, et se troue d'une bouche arrondie comme un O rouge, dans l'ovale laiteux des chairs.

Flânant sur le boulevard des anciennes banlieues, alors que dans un bain de lune, les grilles des tripiers jettent sur la boue des rues les raies cassées de leurs ombres, j'entrevis un fantoche démesurément long, qui filait le long des boutiques, un litre dans une main, une pipe dans l'autre.

Je ne doutai point que cet étrange personnage, ne fut ce folâtre et rusé compère, grand brasseur de filles et dépuceleur de bouteilles, l'éternel rival d'Arlequin : Pierrot. Il rasait les murs, preste et le regard sournois. Soudain il fit halte devant une maison, poussa une petite porte, tomba dans un trou noir comme un lys plongé jusqu'à la tige dans un baquet d'encre, puis il reparut dans une cave qui s'alluma au ras du trottoir.

Je vis alors au travers des grillages qui faisaient ventre et dont mainte maille détraquée tordait ses fils en révolte, un carreau poudré de blanc, une rangée de sacs, une hache, une pelle, un pétrin sur lequel s'agitaient, hurlants et blêmes, sans chemises et sans vestes, deux hommes se ruant sur un monceau de pâte qui claquait sourdement, alors qu'elle retombait sur le bois de l'auge.

Ils grondaient, geignaient, criaient des mots inarticulés, poussaient des gémissements à fendre l'âme, battaient à grand coups la purée flasque. Han! han! han! han! clac! paf! h... an! et comme une couleuvre dont les anneaux roulent, le mastic se tordait sous leurs poings! Les corps ruisselaient, les boules des biceps dansaient dans les bras, de grosses gouttes de sueur perlaient au front et buvaient la farine amassée aux tempes.

Ils tapaient dans le tas comme des furieux, puis après un dernier cri qu'ils s'arrachèrent des entrailles, les bras cessèrent leurs moulinets ; les hommes se frottèrent les doigts au-dessus du pétrin et, saisissant les litres, ils burent à outrance, la tête renversée, la pomme d'Adam sautant, affolée, dans la peau du cou.

D'un mouvement brusque, ils se jetèrent en avant, retirèrent le goulot de leurs lèvres, et de chaque côté de la bouche des rigoles coulèrent, s'épaississant à mesure qu'elles s'empoicraient dans les tournants poudreux du menton.

Ah ! je le reconnaissais, ton type de larron et d'ivrogne, Watteau ! je le retrouvais enfin, ce sacripant et ce goinfre, mais ce ne fut vraiment lui que pendant quelques secondes. Le glouglou harmonieux des gorges prit fin. Les bouteilles étaient vides, les hommes reprirent leur besogne acharnée dans le fournil.

L'un d'eux modela la pâte et l'autre l'enfourna dans un vaisseau de brique dont la gueule, grande ouverte, rougeoyait comme un incendie, avec son bûcher de bouleaux en flammes.

O pierrots harassés, geindres ! Vous, qui, à l'heure où les noirs fifis s'apprêtent à pomper dans les fosses, vous qui à cet instant solennel, où les uns crochètent les portes des autres, et où les autres achètent à beaux deniers la maîtresse des uns, suez, rognonnez et soufflez ; commencez votre chant de guerre et vos danses de cannibales autour du pétrin qui crie ! Bâfrez, hurlez comme des loups et buvez comme des sables, vous partagez avec le Dieu des

pauvres l'élan des oraisons : Donnez-nous notre pain quo-
tidien, ô blancs lutteurs! tout blé et pas d'avoine, hein?
— Ainsi soit-il!

J.F.RAFFAËLLI

LE MARCHAND DE MARRONS

Les pavés tressaillent déchaussés par le roulis des
fardiers et des haquets; les chiens détalent à
toutes pattes, les hommes hâtent le pas, assourdis
et aveuglés par une furieuse bourrasque de pluie et de
grêle. Les girouettes des maisons tournent et grincent
affolées, les fenêtres mal closes gémissent à fendre l'âme,
les gonds oxydés des portes crient affreusement tandis
que seul au coin de la rue, dans une niche contigüe au
comptoir d'un marchand de vins, le débitant de marrons

demeure impassible, hurlant aux passants transis : eh ! chauds, chauds, les marrons !.

Que d'évènements frivoles ou graves, cet homme est à même de voir, alors que le ventre au feu et la face au vent, il fait grêler dans sa poêle à jour, les marrons aux coques d'or ou qu'il remue les châtaignes qui mijotent sous le torchon de toile bise ! que de comédies, que de drames, que de prologues de romans, que d'épilogues de nouvelles il entend les matins d'hiver, alors que, frileuse ou glacée, l'aube se lève !

Il est là, dans son échoppe, allumant la braise, attisant avec son soufflet les charbons du fourneau, écoutant de toutes ses oreilles les papotages, les parlottes, les cancans des laitières et des concierges.

Devant lui passent toutes les infirmités corporelles du quartier, tous les vices des maisons voisines. Aux ragots des offices et de la loge révélant le cocuage du Monsieur qui demeure au premier, précisant l'heure et le jour où sa femme le trompe, par semaine, une fois, s'ajoutent les doléances des bonnes se plaignant de leur ration de vin, racontant les besoins de leurs maîtresses, les tentatives de leurs patrons, les goûts épuisants et précoces de leurs enfants.

Quelle chronique d'ordures il eut pu amasser depuis le jour où il a revêtu le tablier à deux poches et consenti à éventrer les grands sacs de toile ! que de mots câlins ou aigres il a entendus, murmurés ou glapis par les couples que le frôlaient, que d'ivrognesses, que de fausses amoureuses, que de pochards, que d'aimables grinches il a vu happés au collet par les sergents de ville! que de chutes, que d'accidents de voitures, que de côtes défoncées, de jambes déboîtées, d'épaules luxées, que de rassemblements de foule devant les pharmacies il a regardés, tout en fendant d'un coup de tranchet la robe brune des châtaignes, tout en remuant avec son couteau de bois les marrons qui se craquèlent et pètent!

Et cependant la vie n'est pas couleur de rose dans ce chien de métier; vent, bruine, pluie, neige, s'en donnent à cœur joie; le fourneau tressaille et geint sous les rafales qui le bousculent, épandant à flots la fumée qui pique les yeux et éteint la voix; le charbon brasille et s'use vite, les chalands passent rapides, engoncés dans le collet de leur paletot, aucun ne s'arrête devant l'échoppe et derrière le malheureux, au travers des vitres qui le séparent de la piscine aux vins, s'alignent, vives, engageantes, scintillant sur une planchette posée devant une glace, des régiments de bouteilles, hautes en couleur et larges en ventre. Quelle attirance, quelle fascination! oh! qui dira le charme des canons et du tafia? Ne les regarde point, pauvre hère, oublie froid, faim, bouteilles et chante, nasillard, ta complainte obstinée : eh! chauds, chauds, les marrons!

Va, éreinte-toi, gèle, crève, souffle sur les fumerons qui puent, aspire à pleine bouche la vapeur des cuissons, emplis-toi la gorge de cendre, trempe dans l'eau tes mains bouillies et tes doigts grillés, égoutte les châtaignes, écale les marrons, gonfle les sacs, vends ta marchandise aux enfants goulus, aux femmes attardées;

hue! philosophe, hue! entonne à tue-tête, jusqu'à la pleine nuit, au clair du gaz, sous le froid, ton refrain de misère : eh! chauds, chauds, les marrons!

PAYSAGES

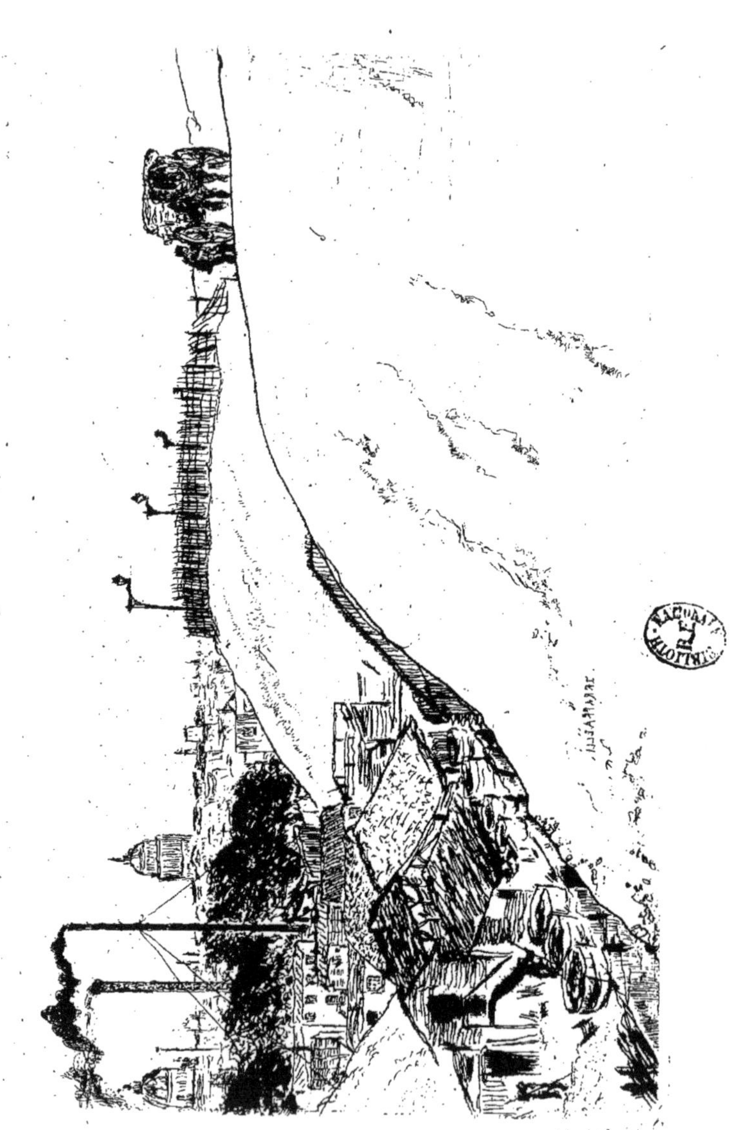

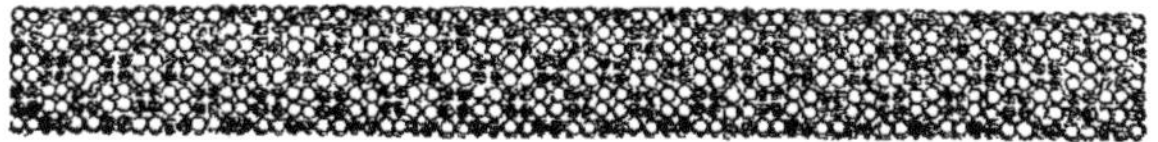

LA BIÈVRE

A Henry Céard.

La nature n'est intéressante que débile et navrée. Je ne nie point ses prestiges et ses gloires alors qu'elle fait craquer par l'ampleur de son rire son corsage de rocs sombres et brandit au soleil sa gorge aux pointes vertes, mais j'avoue ne pas éprouver devant ses ripailles de sève, ce charme apitoyé que font naître en moi un coin désolé de grande ville, une butte écorchée, une rigole d'eau qui pleure entre deux arbres grêles.

Au fond, la beauté d'un paysage est faite de mélancolie. Aussi la Bièvre avec son attitude désespérée et son air réfléchi de ceux qui souffrent, me charme-t-elle plus que toute autre et je déplore comme un suprême attentat le culbutement de ses ravines et de ses arbres! Il ne nous restait plus que cette campagne endolorie, que cette rivière en guenilles, que ces plaines en loques et on va les dépecer! L'on va pendre aux crocs chaque quartier de terre, vendre à l'encan chaque écuellée d'eau, combler les marécages, niveler les routes, arracher les pissenlits et les ronces, toute la flore des gravats et des terres incultes; la rue du Pot au lait et le chemin de la fontaine à Mulard qui enlacent toute une lande engorgée de mâchefer et de plâtras, bossuée par des bourrelets et des culs de pots de fleurs, semée, çà et là, de fruits pourris et mangés de mouches, de cendres et de flaques, empuantie par les entrailles mouillées des paillasses et les amoncellements d'ordures qui se tassent longuement dans la bouillie des fanges vont disparaître et cette vue mélancolisante d'un puits artésien et de la Butte aux Cailles, ces lointains où le Panthéon et le Val-de-Grâce arrondissent, séparés par des tuyaux d'usine, leurs deux boules violettes sur la braise écroulée des nuages, vont faire place aux joies bêtes, aux banals galas des maisons neuves!

Ah! les gens qui ont décidé le pillage et le sac de ces rives, n'ont donc jamais été émus par l'inertie désolée des pauvres, par le gémissant sourire des malades? ils n'admirent donc la nature que hautaine et parée? ils ne sont donc jamais, par les jours de spleen, montés sur les coteaux qui dominent la Bièvre, ils ne l'ont donc enfin jamais regardée cette étrange rivière, cet exutoire de toutes les crasses, cette sentine couleur d'ardoise et de

plomb fondu, bouillonnée çà et là de remous verdâtres,
étoilée de crachats troubles, qui gargouille sur une vanne
et se perd, sanglotante, dans les trous d'un mur ? Par
endroits, l'eau semble percluse et rongée de lèpre, elle
stagne, puis elle remue sa suie coulante et reprend sa
marche alentie par les bourbes.

Ici, des huttes pelées, des hangars borgnes, des murs
salpêtrés, des briques tartreuses, tout un assemblage de
teintes mornes sur lesquelles, pendant à la croisée d'une
chambre, un édredon de percale rouge jette, comme un
réveil, sa note éclatante ; là, des cages sans volets pour
les mégissiers, des brouettes, les quatre fers en l'air, un
trident, un rateau, des vagues figées de laine, une colline
de tan sur laquelle picore une poule à crête écarlate et à
queue noire. En l'air, des toisons secouées par le vent, des
peaux râclées qui s'étirent et se détachent avec leur blancheur crue sur la pourriture verdie des claies ; par terre,
des baquets hydropiques, des futailles énormes où marine
dans des teintes de feuille morte et de bleu sale la croûte
liquéfiée des cuirs ; plus loin enfin des peupliers piqués
dans une boue de glaise et un tas de masures qui, s'esca-
ladent et se haussent, les unes par dessus les autres,
étables sordides où toute une population de gosses fer-
mente aux fenêtres pavoisées de linge sale.

Eh oui, la Bièvre n'est qu'un fumier qui bouge ! mais
elle arrose les derniers peupliers de la ville ; oui, elle
exhale les fétides relents du croupi et les rudes senteurs
des charniers, mais jetez au pied de l'un de ses arbres, un
orgue qui crachera en de lents hoquets les mélodies dont

son ventre est plein, faites s'élever dans cette vallée de
misères, la voix d'une pauvresse qui lamentablement
chantera devant l'eau une de ces complaintes ramassées
au hasard des concerts, une romance célébrant les petits
oiseaux et implorant l'amour et dites si ce gémissement
ne vous prend point aux entrailles, si cette voix qui san-
glote ne semble pas la clameur désolée d'un faubourg
pauvre !

Un peu de soleil — et, merveilles des joies navrées —
des grenouilles coassent sous des roseaux, un chien s'étire,
les pattes écartées, la queue en l'air, une femme passe un
petit panier au bras, un homme en casquette chemine, le
brûle-gueule aux dents et, sous la garde de mioches qui
se roulent dans la boue, un fantôme de rosse blanche
pâture dans les terrains vagues.

Les travaux sont commencés. Le remblai de la rue de
Tolbiac barre l'horizon, déjà ; le lait de chaux va masquer
de son uniforme blancheur les ulcères diaprés du quartier
souffrant ; les grands ciels gris, sur lesquels se découpent
encore les séchoirs à jour des peaussiers et des chamoi-
seurs seront prochainement bouchés. Bientôt sera à jamais
terminée l'éternelle et charmante promenade des inti-
mistes, au travers de la plaine que sillonne, en travail-
lant, l'active et misérable Bièvre.

LE CABARET DES PEUPLIERS

L a plaine s'étend, aride et morne. Les grandes cultures des orties et des chardons la couvrent, rompues, çà et là, par les mares séchées de la Bièvre morte.

Le bout d'un étang scintille, à gauche, au soleil comme un éclat de verre, le reste moisit, glacé de vert pistache par les lentilles d'eau.

Au loin, une ou deux cabanes branlantes avec des matelas pendus aux fenêtres et des fleurs plantées dans des boîtes au lait et dans de vieilles marmites ; des arbres aux sèves affaiblies, siègent à d'inégales distances, montrant comme des mendiants leurs bras paralysés, hochant des têtes qui bégaient dans le vent, courbant des troncs chétivement nourris par la lésine d'un incurable sol.

Le long de cette plaine, à droite, la rivière coule en un mince ruban, bordant la route qui s'engage sous une arche de pont jusqu'à la poterne ouverte dans les remparts. Des cultures maraîchères verdoient par places dans une terre moins pauvre, huit vigoureux peupliers éventent une maisonnette dont les murs se dressent, mettant les jolies taches de leur crépi rose sous la guipure jaune et verte des feuilles. On lit, en haut, près du toit, cette inscription : « Débit de vins » et devant cette coquetterie de couleurs, devant ces tonnelles qui se penchent sur l'eau, l'on songe involontairement au plaisant décor des auberges de théâtre ; malgré soi, l'on songe aussi à une salle poudrée de grès, à une armoire de noyer, ornée de ferrures, de pichets d'étain, de vaisselles à coqs et à fleurs, l'on se dit qu'il serait bon de boire sur un coin de table le petit vin suret, de couper une vaste miche dans le pain rond de ménage, de manger, tout en l'arrosant d'amples rasades, de solides omelettes, persillées de petite ciboule ou bardées de lard.

Puis l'on s'approche, l'on franchit l'immobile rivière sur une passerelle et alors ce cabaret si pimpant et si bonhomme apparaît comme un repaire, comme un coupe-gorge.

Le sourire de ses murs roses a fui ; une vieillesse hâtive et ignoble a voûté les chevrons et courbé le toit. Le teint éraillé est d'un rouge atroce. L'on pense immédiatement devant cette cahute à une épouvantable pierreuse qui détrousse et surine dès que la nuit tombe.

Des tatouages de peinture noire apparaissent sous l'horrible épiderme du plâtre meurtri, des lettres mangées par le passage des saisons, faisant des mots intelligibles encore : « Lapins sautés, bières et vins, au rendez-vous des peupliers. » — Un silence inquiétant plane au dessus du bouge, les vieux reverbères à poulies qui pendent le long de la route prennent des allures lugubres et louches ; l'on frissonne à l'idée qu'on pourrait se trouver attardé là, tout seul, un soir.

Assis sous une tonnelle, devant une table bâtie avec une planche posée sur quatre lattes, vous voyez, après des appels furieux, une servante poindre au bout de l'allée, le ventre en avant, la tête embobinée de linge, les yeux caves, les joues vides et tachées de son.

Elle apporte après avoir consulté la patronne qui hésite, défiante, craignant la rousse, des verres massifs gardant encore des places mal essuyées de bouches. Elle verse le pissat d'âne fabriqué dans cette immense bâtisse qui s'élève au dessus de la plaine, la brasserie de l'ancienne barrière Blanche et l'on découvre si l'on suit le regard de cette fille, au travers des feuilles, dans un bosquet voisin, un ouvrier qui dort, la chemise de percale rayée, ouverte au cou et bouffant de la culotte serrée à la taille par une ceinture de cuir. Il se retourne, sacrant après les mouches et un hideux côté de visage se montre barbouillé comme les murs du bouge, d'une large tache de lie de vin et de sang.

Aucune carriole et aucun haquet ne passent, troublant le repos de la ruelle déserte ; le roulement du chemin de fer relentit, seul, par instants ; des flocons de vapeurs blanches s'envolent et viennent nicher dans le plafond de la tonnelle, un coq claironne, agitant son rouge cimier, brandissant le panache de sa queue, plumée de vert bouteille et d'or, une troupe de canards se précipite avec d'affreux couins-couins dans la Bièvre qui se réveille et souffle son haleine de purin gâté ; alors, si vous tournant vers les remparts, vous contemplez l'horizon rayé par la voie de ceinture, d'inconsolantes et de salutaires pensées vous viennent.

En haut, tout en haut, couvrant le ciel, Bicêtre dresse sa masse énorme, dominant tout Paris comme une menace, rappelant aux factices énergies de nos sens surmenés, aux dépenses inconsidérées de nos cervelles, aux douleurs de nos amitiés et de nos ambitions déçues, la fin désastreuse qui les attend.

Bouée formidable et grandiose, signalant les brisants de la ville, Bicêtre complète cette désolante image de la vie, qu'évoque déjà en nous la Bièvre, si joyeuse et si bleue à Buc, plus malingre, plus noire à mesure qu'elle s'avance épuisée par les constants labeurs qu'on lui inflige, impotente et putride alors qu'ayant terminé sa lourde tâche, elle tombe, exténuée, dans l'égoût qui l'aspire d'un trait et va la recracher au loin, dans un coin perdu de Seine.

LA RUE DE LA CHINE

A J. BOBIN.

Pour les gens qui haïssent les bruyantes joies rete-
nues toute la semaine et lâchées dans Paris, le
dimanche ; pour les gens qui veulent échapper
aux fastidieuses opulences des quartiers riches, Ménilmontant sera toujours une terre promise, un Chanaan de
douceurs tristes.

C'est dans l'un des coins de ce quartier que s'étend la
si extraordinaire et si charmante rue de la Chine. Encore
qu'elle ait été tronquée et mutilée par la construction d'un
hôpital qui ajoute le douloureux spectacle des souffrances

humaines errant au dessus de la route sur des préaux
sans arbres et sans fleurs, à l'aspect discret et recueilli
de ses maisonnettes encloses de palis et de haies, cette
rue a néanmoins conservé la joyeuse allure d'une ruelle
de campagne toute enluminée par des jardinets et par des
bicoques.

Telle qu'elle existe encore, cette rue est la négation de
l'ennuyeuse symétrie, l'opposé du banal alignement des
grandes voies neuves. Tout va de guingois chez elle ; ni
moëllons, ni briques, ni pierres, mais de chaque côté, bordant le chemin sans pavé, creusé d'une rigole au centre,
des bois de bateaux, marbrés de vert par la mousse et
plaqués d'or bruni par le goudron, allongent une palissade
qui se renverse, entraînant toute une grappe de lierres,
emmenant presqu'avec elle, la porte visiblement achetée
dans un lot de démolitions et ornée de moulures dont le
gris encore tendre perce sous la couche de hâle déposée
par des attouchements de mains successivement sales.

C'est à peine si la maisonnette à un étage perce sous
sa canetille de vigne vierge dans un fouillis de valérianes,
de roses-trémières et de grands soleils dont les têtes d'or
se dépouillent et montrent de noires calvities, pareilles
aux ronds des cibles.

Puis, c'est invariablement derrière la haie des planches,
un réservoir en zinc, deux poiriers reliés par des ficelles
pour le linge et un bout de potager avec des courges aux
fleurs d'un jaune clair, des carrés d'oseille et de choux que
dentellent et quadrillent avec leurs ombres des vernis du
Japon et des peupliers.

Et la rue va ainsi, laissant à peine entrevoir par de vertes éclaircies des bouts de toits violets et rouges ; elle va plus resserrée à mesure, se démanchant, se tortillant, grimpant, plantée, çà et là, de vieux reverbères à huile, jusqu'à la navrante et interminable rue de Ménilmontant.

Dans cet immense quartier dont les maigres salaires vouent à d'éternelles privations les enfants et les femmes, la rue de la Chine et celles qui la rejoignent et la coupent, telles que la rue des Partants et cette étonnante rue Orfila, si fantasque avec ses circuits et ses brusques détours, avec ses clôtures de bois mal équarri, ses gloriettes inhabitées, ses jardins déserts revenus à la pleine nature, poussant des arbustes sauvages et des herbes folles, donnent une note d'apaisement et de calme unique.

Ce n'est plus comme dans la plaine des Gobelins une chétivité de nature en rapport avec l'impitoyable détresse de ceux qui la peuplent, c'est, sous un grand ciel, un sentier de campagne où la plupart des gens qui passent semblent avoir mangé et avoir bu, c'est le coin souhaité par les artistes en quête de solitude ; c'est le hâvre imploré par les âmes endolories qui ne demandent plus qu'un bienfaisant repos loin de la foule ; c'est pour les déshérités du sort et pour les écrasés de la vie, une consolation, un soulagement qui naît de l'inévitable vue de l'hôpital Tenon dont les hautes prises d'air crèvent le ciel et dont toutes les croisées s'emplissent de figures pâles, penchées sur la plaine qu'elles contemplent avec les yeux profonds et avides des convalescents.

Ah ! cette rue est clémente pour les affligés et charitable pour les aigris, car à la pensée que de pauvres gens sont couchés dans ce gigantesque hôpital aux longues salles pleines de lits blancs, l'on trouve bien enfantines et bien vides ses souffrances et ses plaintes, puis l'on rêve aussi devant ces cottages cachés dans la ruelle à un délicieux refuge, à une petite aisance qui permettrait de ne travailler qu'à ses heures et de ne pas hâter par besoin la confection d'une œuvre.

Il est vrai qu'une fois rentré dans le cœur de la ville, l'on se répète avec raison peut-être qu'un accablant ennui vous opprimerait dans l'isolement de la maisonnette, dans le silence et dans l'abandon du chemin; et pourtant, chaque fois que l'on vient se retremper dans la douce et triste rue, l'impression reste la même, il semble que l'oubli et que la paix cherchés au loin dans la contemplation de monotones plages se trouveraient là, réunis, au bout d'une ligne d'omnibus, dans ce sentier de village perdu à Paris, au milieu du joyeux et du douloureux tumulte de ses grandes rues pauvres.

J.F.RAFFAELLI

VUE DES REMPARTS DU NORD-PARIS

Du haut des remparts, l'on aperçoit la merveilleuse et terrible vue des plaines qui se couchent, harassées, aux pieds de la ville.

A l'horizon, sur le ciel, de longues cheminées rondes et carrées de brique vomissent dans les nuages des bouillons de suie, tandis que plus bas, dépassant à peine les toitures plates des ateliers couverts de toiles bituminées et de tôle, des jets de vapeur blanche s'échappent, en sifflant, de minces tuyaux de fonte.

La zone dénudée s'étend, renflée de monticules sur lesquels des marmailles, en groupe, enlèvent des cerfs-volants fabriqués avec de vieux journaux et ornés de ces images en couleur que la réclame distribue aux portes des magasins ou aux coins de ponts.

Près de cahutes dont les tuiles d'un rouge pâle bordent les lacs clairs des toits vitrés, de monumentales charrettes dressent leurs bras munis de chaînes, abritant ici, une idylle faubourienne, là, une maternité dont un enfant pompe avec acharnement la gorge sèche.

Plus loin, une chèvre broute attachée à un piquet ; un homme dort, renversé sur le dos, les yeux abrités par sa casquette ; une femme assise répare longuement l'avarie de ses pieds.

Un grand silence couvre la plaine, car le grondement de Paris s'est éteint peu à peu et le bruit des fabriques aperçues arrive hésitant encore. Parfois l'on écoute cependant comme une horrible plainte, le sourd et rauque sifflet des trains de la gare du Nord qui passent cachés par des talus plantés d'acacias et de frênes.

Au loin enfin, tout au loin, une large route blanche monte se perdant dans le ciel, mettant à son sommet comme un nuage lorsqu'une invisible carriole soulève, masquée par la courbe du terrain, des flocons de poussière.

Vers la brune, par ces temps où les nuées charbonneuses se roulent sur le jour mourant, le paysage s'illimite et s'attriste encore ; les usines ne montrent plus que des contours indécis, des masses d'encre bues par un ciel livide ; les enfants et les femmes sont rentrés, la plaine semble plus grande et, seul, dans le chemin poudreux, le mendiant, le mendigo, comme l'appelle la mouche,

retourne au gîte, suant, éreinté, fourbu, gravissant péniblement la côte, suçant son brûle-gueule pour longtemps
vide, suivi de chiens, d'invraisemblables chiens superbes
de bâtardises multipliées, de tristes chiens accoutumés
comme leur maître à toutes les famines et à toutes les
puces.

Et c'est alors surtout que le charme dolent des banlieues opère; c'est alors surtout que la beauté toute puis-
sante de la nature resplendit, car le site est en parfait
accord avec la profonde détresse des familles qui le
peuplent.

Créée incomplète dans la prévision du rôle que l'homme
lui assignera, la nature attend de ce maître son parachè-
vement et son coup de fion.

Bâtisses somptueuses aidant à l'aspect des quartiers
habités par les gens riches, villas tachant de jaune beurre
et de blanc frais des campagnes reposées et joyeuses,
Parcs-Monceau maquillés comme les femmes qui s'y
posent, hauts-fourneaux et grandes forges se dressant
dans des paysages épuisés et grandioses comme eux, telle
est l'immuable loi.

Et, c'est pour l'appliquer, c'est pour réaliser l'instinct
d'harmonie qui nous obsède, que nous avons délégué les
ingénieurs afin d'assortir la nature à nos besoins, afin de
la mettre à l'unisson avec les douces ou pitoyables vies
qu'elle a charge d'encadrer et de réfléchir.

PETITS COINS

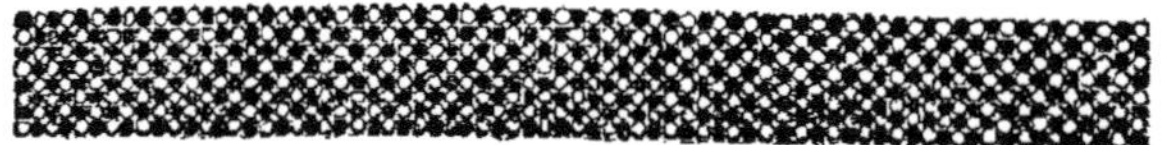

BALLADE EN PROSE DE LA CHANDELLE DES SIX

A Gabriel Thyébaut.

Alors que la Carcel dominait, illuminant les chambres des familles à l'aise, toi seule éclairais ces galetas où la fille encore impubère du pauvre suppute, en rêvant, la valeur de ses charmes qui poussent, ô chandelle des six, grésillante chandelle !

Puis le corps se gâte, mûri par les noces ; déjà le ventre persienne et la gorge flotte ; l'argent gagné à la sueur des charmes tarit et la faim ordonne. Ce n'est plus

Madame Julia, c'est la vieille mère Jules qui se pocharde et te mouche, ô chandelle des six, grésillante chandelle!

Ce sont des évocations plus personnelles et plus intimes que ta vue réveille maintenant en moi; devant ta mèche qui champignonne et rougeoie dans un lac de suif, je revois mon enfance, ces longues soirées d'hiver, où, fatiguée par mes pleurs et par mes cris, ma mère me renvoyait à la cuisine près de la bonne épelant à haute voix le gros livre des songes, ô chandelle des six, grésillante chandelle!

Puis ces rappels lointains s'effacent peu à peu aussi et les lamentables souvenirs des idéals à jamais défoncés me reviennent. Je songe, cette fois, à ce garni lugubre où attendant l'arrivée d'une maîtresse, je regardais, atterré, l'oreille aux guets, me répétant qu'elle ne viendrait point, les mouches latrinières danser, en cuisant sur ta pointe, ô chandelle des six, grésillante chandelle!

Si, dépossédée par les pétroles et par les schistes, tu es aujourd'hui abandonnée du pauvre même, tu auras été du moins adulée comme jamais reine ne le fût, ô chandelle fumeuse! Rembrandt, Gérard Dow, Schalken, t'ont célébrée dans d'immortelles pages; ils t'ont fait éclairer la neige rose des chairs, les torsades couleur paille de ces

belles des Flandres qui t'abritaient de la main contre le
souffle des brises, ô chandelle des six, grésillante chandelle !

ENVOI

Princesse, que d'autres chantent les lueurs phosphoriques des lunes, les flammes rouges des lampes, les feux
jaunes des gaz, c'est toi seule que j'aime, toi seule que
je veux exalter, éclairage idéal des tableaux de grands
maîtres, ô chandelle des six, grésillante chandelle !

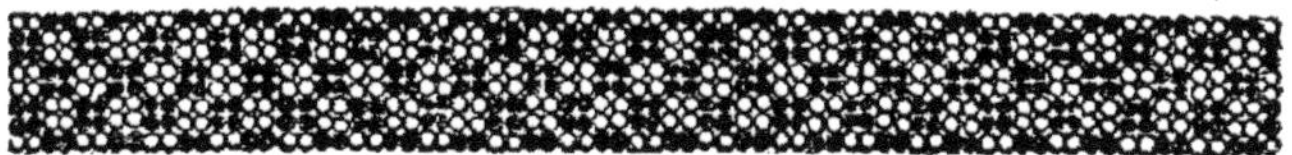

UN CAFÉ

Près d'une gare de chemin de fer, à l'angle d'un square, se trouve un musée d'histoire naturelle où l'on joue et où l'on boit.

L'endroit est somnolent et placide. C'est le café d'abonnés, sans clients de passage, le café dont la porte ne s'ouvre que sur des visages connus qui provoquent, dès leur entrée, des hourras et des rires; c'est le café où dix rentiers réunis tous les soirs autour d'une table, échangent, en battant les cartes, de médiocres aperçus sur la politique et s'intéressent longuement aux grossesses de la patronne et de la chatte; c'est l'estaminet où chacun possède une pipe avec son nom émaillé, une pipe de jour de l'an offerte par le garçon qui dormasse, d'invariable mémoire, le nez sur un journal et jette un piteux et traînant « voilà! » quand on lui commande un nouveau bock.

L'aspect de la salle est étrange : au dessus de divans à boutons, capitonnés de cuir chocolat, deux vitrines aux boiseries grises, rechampies de filets bleu pâle, se dressent le long des murs, bondées du haut en bas, d'oiseaux empaillés et repeints.

L'une d'elles, située en face de la porte d'entrée, contient dans son rayon du bas des cygnes aux becs de bois jaune, aux ventres crevant de foin, aux cous rétrécis, inégalement bourrés, dessinant des S blanches et des ibis sacrés, aux pattes ciragées à tour de brosses, aux têtes de ce rouge sale qu'a la confiture de groseille bue par le pain.

Puis, sur les planches échelonnées jusqu'en haut, s'étage une tiolée d'oiseaux, des grands, des moyens, des petits, des tortus, des bancroches, des droits, des volatiles aux airs de bons enfants ou de mauvais bougres, tendant des becs courbés en fer de pioches, allongés en pointes de clous, des becs simulant des canules et des pinces à sucre, et tous ont le même œil en cocarde, orange et noir, le même regard idiot et fixe, tous ont des habits couleur de muscade et de poivre, des plumages atrocement fanés, des dégaînes bêtement satisfaites d'acteurs.

Vue de près, la large et lugubre tache que jette dans les armoires vitrées cet assemblage de teintes mornes, montre, en se décomposant, rangés sans distinction d'amitié et de caste, dans une promiscuité de misère et de vermine, des combattants aux nez en becs de seringues, regardant avec des mines hargneuses et chipies de petites cailles, l'œil au ciel, implorantes et douces, égarées dans des dynasties de barges rousses et de bihoreaux, dans des familles entières de hérons, attendant on ne sait quoi, fichés sur une patte, rêvant peut-être à d'invraisemblables poissons empaillés comme elles.

Trois oiseaux essaient pourtant de rompre la pleurarde harmonie de ce tableau avec leurs plumes qui vibrèrent jadis de tons vifs : un oisillon d'un soufre sali qui a perdu son étiquette, un rollier figé tout gambadant dans son costume d'un affreux vert passé et un faisan, sentimental et lyrique, l'or et le feu de ses plumes éteints.

En dépit de la triste et burlesque allure de ses hôtes, uniformément campés en rang d'oignons, au port d'armes, les pattes trop vernies, collées sur des plateaux de bois noir ou perchés sur des branches ornées de fausse mousse, cette vitrine contraste magnifiquement avec l'autre qui semble le décrochez-moi-ça d'une oisellerie de mélodrame.

Là, en effet, s'accumule sur une série de planchettes, tout un ramas de bêtes sinistres et laides, des groupes de hiboux, ensevelis sous des couches de poussière, courbant des becs en sécateur, fronçant des ailes couleur d'amadou et de cendre, des chouettes nébuleuses, prétentieusement étiquetées sous le vocable latin « Strix nebulosa », des chouettes de l'Oural, avec des airs réfléchis d'aveugles, des grands ducs aux faces narquoises et féroces, des corbeaux mélancoliques et abêtis, des gentlemen râpés, grelottant sous leurs minces habits de plumes noires.

Un peu plus haut, ce cimetière de volatiles se complète encore d'un lot de bêtes qui ont dû traîner à la salle des ventes, d'un paquet, acheté dans une faillite, de choucas et de corneilles, plus aimables et plus mondains, regardant, dégoûtés, leur voisinage, une société de vieux milans, désossés et bougons, se prélassant dans leurs loques mangées aux mites, un clan de faucons aux allures de chenapans et de matamores, de busards aux grimaces de grincheux et de pète-sec.

Et le patron de cet établissement, l'inventeur de ce café-muséum, semble avoir été poursuivi par une idée fixe; non content d'avoir bourré ses armoires de carcasses d'oiseaux conservés dans des aromates et dans du camphre, il a encore décoré ses fenêtres de stores jaunes pareils à du sparadrap dégommé, arborant, par hasard sans doute, les armes de la ville de La Haye : une cigogne tenant un serpent dans le bec; il a enroulé autour des colonnes de son estaminet des pythons vernissés et gonflés d'étoupe, tapissé son plafond de vagues esturgeons fixés à des crochets, de grands poissons plats semblables à d'énormes peignes et enfin, comme œuvre de choix, d'un vieux crocodile, les pattes écartées, la gueule ouverte, retapée avec du cuir de bottes, sans bouts de chicots ni de dents, envahie par une armée de mouches qui manœuvrent et fientent, cavalcadant entre les semelles de cette mâchoire.

L'étonnement du garçon que des curieux consultent sur

la provenance et sur la raison d'être de ce café est extrême.
Croyant qu'on se moque de lui, il garde le silence d'abord,
puis, se rendant compte de l'innocence des gens qui l'in-
terrogent, il répond, apitoyé et méprisant : oh ! il y en a un
bien plus beau à Bar-le-Duc !

Et, satisfait de cette réponse, l'on embrasse d'un dernier coup d'œil, en achevant de vider son verre, la laideur de toutes ces livrées d'oiseaux, n'éprouvant aucun
désir d'aller visiter Bar-le-Duc, songeant simplement
devant ces tablées de vieux rentiers, figés le nez sur
leurs cartes, immobiles et comme conservés dans ce milieu
funèbre, à un Versailles de pacotille, à une Egypte de
camelotte, à une nécropole de volailles et d'hommes.

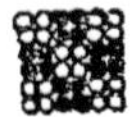

RITOURNELLE

Défunt son homme la roua de coups, lui fit trois enfants, et mourut tout imprégné d'absinthe.

Depuis ce temps, elle patauge dans la boue, pousse la charrette, hurle à tue-tête : Il arrive ! il arrive !

Elle est ineffablement laide. C'est un monstre qui roule sur un cou de lutteur une tête rouge, grimaçante, trouée d'yeux sanglants, bossuée d'un nez dont les larges ailes, des soutes à tabac, pullulent de boutons et de plaques.

Ils ont bon appétit, les trois enfants ; c'est pour eux qu'elle patauge dans la boue, pousse la charrette, hurle à tue-tête : Il arrive ! il arrive !

Sa voisine vient de mourir.

Défunt son homme la roua de coups, lui fit trois enfants, et mourut tout imprégné d'absinthe.

Le monstre n'a pas hésité à les recueillir.

Ils ont bon appétit, les six enfants ! A l'ouvrage ! à l'ouvrage ! Sans trêve, sans relâche, elle patauge dans la boue, pousse la charrette, hurle à tue-tête : Il arrive ! il arrive !

J.F. RAFFAELLI
79

LE POÈME EN PROSE DES VIANDES CUITES AU FOUR

A Alexis Orsat.

Ce sont les fallacieux rosbifs et les illusoires gigots cuits au four des restaurants qui développent les ferments du concubinage dans l'âme ulcérée des vieux garçons.

Le moment est venu où la viande tiède et rose, sentant l'eau, écœure. Sept heures sonnent. Le célibataire cherche la table où il se place d'habitude dans sa gargotte coutumière et il souffre de la voir occupée déjà. Il retire du casier pendu au mur sa serviette tachée de vin et, après avoir échangé des propos sans intérêt avec les clients voisins, il parcourt l'immuable carte et s'assied, morose, devant le potage que le garçon apporte, en y lavant, tous les soirs, un pouce.

L'humble dépense de son dîner s'accroît maintenant pour agacer l'appétit interrompu, d'inutiles suppléments de salades durement vinaigrées et d'un demi siphon d'eau de Seltz.

C'est alors qu'après avoir avalé sa soupe, tout en roulant dans une quotidienne sauce rousse les tronçons filandreux d'un aloyau sans suc, le célibataire cherche à endormir l'horrible dégoût qui lui serre le gosier et lui fait lever le cœur.

Une première vision l'obsède tandis qu'il regarde sans le lire le journal qu'il a tiré de ses poches. Il se rappelle une jeune fille qu'il aurait pu épouser, il y a dix ans ; il se voit uni avec elle, mangeant de robustes viandes et buvant de francs Bourgogne, mais le revers se montre aussitôt et alors se déroulent devant son esprit chagrin, les étapes d'un affreux mariage. Il s'imagine assister, au sein de sa nouvelle famille, à l'échange persistant des idées niaises et aux interminables parties de loto égayées par l'énumération des vieux sobriquets qu'on donne aux chiffres. Il se voit aspirant après son lit et supportant, une fois couché, les attaques répétées d'une épouse grincheuse ; il se voit, en habit noir, au milieu d'un bal, l'hiver, arrêté dans le somme qu'il préparait, par le coup d'œil furieux de sa femme qui danse ; il s'entend reprocher, une fois rentrés, la maussade attitude qu'il a tenue dans le coin des portes ;

il s'entend tout d'un coup enfin traiter justement par le monde de cocufié...... et le dîneur absorbé frémit et mange avec plus de résignation une bouchée de l'affligeant fricot qui se fige sur son assiette.

Mais, tout en mâchant l'insipide et coriace viande, tout en souffrant des aigres renvois que procure l'eau de Seltz, la tristesse du célibat lui revient et il songe, cette fois, à une bonne fille qui serait lasse d'une vie de hasard et qui voudrait s'assurer un sort ; il songe à une femme déjà mûre dont les amoureuses fringales auraient pris fin, à une maternelle et rustaude compagne qui accepterait, en échange de la pâtée et de la niche, toutes ses vieilles habitudes, toutes ses vieilles manies.

Pas de famille à visiter, pas de bals à subir, le couvert mis, tous les jours, chez soi, à la même heure, le cocuage devenu sans importance, peu de chances, en somme, d'enfanter des mômes qui piaillent sous le prétexte qu'ils font des dents et, accélérée par le dégoût sans cesse croissant du repas pris au dehors, l'idée d'un collage devient plus impérieuse et plus fixe et le célibataire sombre, corps et biens, apercevant dans un lointain mirage un joyeux tournebroche, rouge comme un soleil, devant lequel passent lentement, jutant à grosses gouttes, de tout puissants rumstecks.

Ce sont les fallacieux rosbifs et les illusoires gigots cuits au four des restaurants qui développent les ferments du concubinage dans l'âme ulcérée des vieux garçons.

NATURES MORTES

LE HARENG SAUR

A Alfred Alavoine.

Ta robe, ô hareng, c'est la palette des soleils couchants, la patine du vieux cuivre, le ton d'or bruni des cuirs de Cordoue, les teintes de santal et de safran des feuillages d'automne !

Ta tête, ô hareng, flamboie comme un casque d'or, et l'on dirait de tes yeux des clous noirs plantés dans des cercles de cuivre !

Toutes les nuances tristes et mornes, toutes les nuances rayonnantes et gaies amortissent et illuminent tour à tour ta robe d'écailles.

A côté des bitumes, des terres de Judée et de Cassel,

des ombres brûlées et des verts de Scheele, des bruns Van Dyck et des bronzes florentins, des teintes de rouille et de feuille morte, resplendissent de tout leur éclat les ors verdis, les ambres jaunes, les orpins, les ocres de ru, les chrômes, les oranges de mars!

O miroitant et terne enfumé, quand je contemple ta cotte de mailles, je pense aux tableaux de Rembrandt, je revois ses têtes superbes, ses chairs ensoleillées, ses scintillements de bijoux sur le velours noir, je revois ses jets de lumière dans la nuit, ses traînées de poudre d'or dans l'ombre, ses éclosions de soleils sous les noirs arceaux!

IMAGE D'ÉPINAL

A E. Montrosier.

C'était une petite ville près de Bruxelles, en Brabant. Les maisons délimitées par un trait d'encre
pâle ne se détachaient que bien faiblement sur
un ciel de papier gris.

Il y avait des pignons, une église surmontée d'une
croix, des toits en dents de scies, en poivrières, en cornets
renversés, en éteignoirs, un donjon percé de meurtrières.

Il y avait aussi une grande tourelle, couleur de chair,
avec un bonnet tout rouge. Cette tourelle s'arrondissait
au coin d'une auberge et d'un balcon jaune sur lequel se
penchait une dame, avec une collerette tuyautée et une
robe du même rouge que le toit de la tourelle.

La petite ville semblait bien étonnée, car il y avait au moins six personnes sur la place qui interpellaient un vieillard. Deux beaux messieurs, vêtus de costumes Louis XIII, un gros, à figure poupine, rebondie, un vrai visage de joyeux compère, de bon raillard, de franc gaule-bon-temps, sans barbe, habillé d'un justaucorps du vermillon le plus cru, d'un grand col qui trempait ses pointes blanches dans le rouge de l'habit, tenait d'une main un chapeau de feutre gris, taché du bleu qui avait servi à peindre sa culotte, et désignait de l'autre au vieillard un pot de bière qui moussait sur une table barbouillée de vert et ornée de quatre pieds jaunes. Les jambes de cette table devaient être lumineuses, car elles épandaient tout autour d'elles de larges plaques de la même couleur.

Le vieillard refusait les offres du gros joufflu, et ses doigts qu'il étendait vers lui, comme pour repousser des présents d'Artaxercès, touchaient l'habit et en gardaient des reflets pourpre.

L'autre monsieur était plus maigre et il avait au dessus de la bouche, deux petites moustaches. N'était cette différence, ils se ressemblaient fort.

Tous deux avaient le visage rosâtre et, lèvres, yeux, oreilles, cheveux, tout se confondait dans la même teinte ; parfois même, la couleur avait sauté des figures et coulait sur les vêtements et les maisons. Le monsieur aux moustaches souriait d'un air aimable et tenait à la main un grand chapeau dont le jaune déteignait sur ses doigts.

Tous deux disaient au vieillard qui semblait bien vieux

et bien fatigué et qui était sordidement revêtu d'un vieux bonnet écarlate, d'un tablier de cuir, d'une robe verte, ramagée de pièces brunes et rousses, émaillée de reprises et de coutures, barbelée du bas comme une queue d'écrevisse, d'un grand manteau bleu sur lequel tombait à flots une longue barbe, si blanche, si blanche, qu'on eût dit de flocons de vapeur qui lui sortaient de la bouche et du nez et déroulaient leurs ondes jusques à terre : « Bonjour, maître, accordez-nous la satisfaction d'être un moment en votre compagnie. »

Et lui qui semblait si vieux et si fatigué, leur répondait : « Messieurs, j'ai bien du malheur, jamais je ne m'arrête, je marche incessamment. »

Et ils reprenaient en chœur : « Entrez dans cette auberge, asseyez-vous, venez boire un pot de bière fraîche ; nous vous régalerons le mieux que nous pourrons. »

Et le vieillard leur répétait : « En vérité, messieurs, je suis confus de vos bontés, mais je ne puis m'asseoir, je dois rester debout. »

Alors les beaux messieurs s'étonnèrent fort, et le gros lui dit : « De savoir votre âge nous serions curieux ? » Et le maigre ajouta : « N'êtes-vous point ce vieillard de qui l'on parle tant, celui que l'Écriture nomme le Juif-Errant. »

Et le vieillard dont la barbe était si blanche, si blanche, qu'on eût dit de flocons de vapeurs qui lui sortaient de la bouche et du nez, leur répondit : « Isaac Laquedem est mon nom et j'ai dix-huit cents ans ; oui, c'est moi, mes enfants, qui suis le Juif-Errant. » Puis il leur raconta

ses longs voyages à travers le monde, ses courses inces-
santes, par monts et par vaux, par terre et par mer, et
il s'écria, quand il eut fini sa lamentable histoire : « Le
temps me presse, adieu, messieurs, grâces à vos poli-
tesses, je vous en remercie. » Et il s'en fut, appuyé sur
sa longue canne, tandis qu'un petit ange, vêtu d'une robe
rouge et d'ailes vertes, une épée dans une main, un rayon
de gomme-cutte s'échappant de l'autre qu'il tenait ouverte,
lui faisait signe de marcher, de toujours marcher !

Cet ange planait au dessus d'une petite ville près de
Bruxelles, en Brabant. Il planait au dessus de maisons
délimitées par un trait d'encre pâle et qui ne se détachaient que bien faiblement sur un ciel de papier gris.

Il planait au dessus de pignons et d'une église surmontée
d'une croix, au dessus de toits en dents de scies, en poivrières, en cornets renversés, en éteignoirs, au dessus
d'un donjon percé de meurtrières.

(Imagerie d'Épinal. — Ch. Perrot, imp. lith.).

FLEURS DE NARINES

BO
10
Boldini

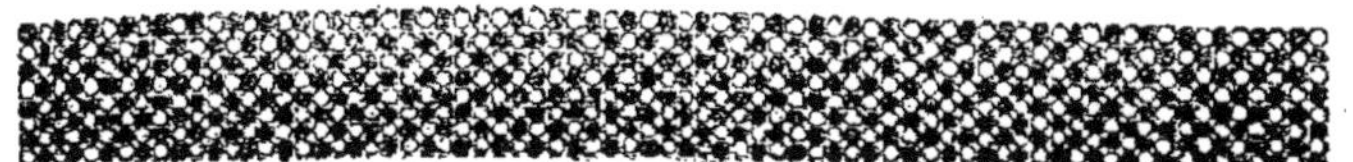

LES SIMILITUDES

Les tentures se soulevèrent et les étranges beautés qui se pressaient derrière le rideau s'avancèrent vers moi, les unes à la suite des autres.

Ce furent d'abord des tiédeurs vagues, des vapeurs mourantes d'héliotrope et d'iris, de verveine et de réséda qui me pénétrèrent avec ce charme si bizarrement plaintif des ciels nébuleux d'automne, des blancheurs phosphoriques des lunes dans leur plein et des femmes aux figures indécises, aux contours flottants, aux cheveux d'un blond de cendre, au teint rosé-bleuâtre des hortensias, aux jupes irisées de lueurs qui s'effacent, s'avancèrent, tout embaumées, et se fondirent dans ces teintes dolentes des vieilles soies, dans ces relents apaisés et comme assoupis des vieilles poudres enfermées, durant de longues années, loin du jour, dans les tiroirs de commodes à ventre.

Puis la vision s'envola et une odeur fine de bergamote et de frangipane, de moos-rose et de chypre, de maréchale et de foin qui traînait çà et là, mettant comme une de ces touches sensuelles de Fragonard, un papillotage de rose dans ce concert de fadeurs exquises, jaillit, pimpante, énamourée, cheveux poudrés de neige, yeux caressants et lutins, grands falbalas couleur d'azur et de fleur de pêcher, puis s'effaça peu à peu et s'évanouit complètement.

A la maréchale, au foin, à l'héliotrope, à l'iris, à toute cette palette de nuances lascives ou calmées, succédèrent des tons plus vifs, des couleurs enhardies, des odeurs fortes : le santal, le havane, le magnolia, les parfums des créoles et des noires.

Après les fluides légers, les glacis vaporeux, les senteurs caressantes et ensommeillées, après les roses affaiblis et les bleus mourants, après les surjets de couleurs et les réveillons des tropiques, crièrent bêtement les rabâcheries vulgaires : lourdeur des ocres, pesanteur des gros verts, épaisseur des bruns, tristesse des gris, bleuissement noir des ardoises ; et de lourds effluves de seringat, de jacinthe, de portugal, rirent de toute leur face béatement radieuse, de toute leur face de beautés banales, aux cheveux noirs et pommadés, aux joues laquées de rouge et plâtrées de talc, aux jupes tom-

bant sans grâce, le long de corps veules et gras. Puis
vinrent des apparitions spectrales, des enfantements de
cauchemars, des hantises d'hallucination, se détachant
sur des fonds tempêtueux, sur des fonds de vert-de-gris
sulfuré, nageant dans des brumes de pistache, dans des
bleus de phosphore, des beautés affolées et mornes, trem-
pant leurs appâts étranges dans la sourde tristesse des
violets, dans l'amertume brûlante des orangés, des
femmes d'Edgard Poë et de Baudelaire, des poses tour-
mentées, des lèvres cruellement saignantes, des yeux
battus par d'ardentes nostalgies, agrandis par des joies
surhumaines, des Gorgones, des Titanides, des femmes
extra-terrestres, laissant couler de leurs jupes fastueuses
des parfums innommés, des souffles d'alanguissement et
de fureur qui serrent les tempes, déroutent et culbutent
la raison mieux que la vapeur des chanvres, des figures
du grand maître romantique, d'Eugène Delacroix.

Ces évocations d'un autre monde, ces embrasements
sauvages, ces tonalités crépusculaires, ces émanations
surexcitées disparurent à leur tour et un hallali de couleurs éclata, prestigieux, inouï.

Un ruissellement d'étincelles de pourpre, une fanfare
de senteurs décuplées et portées à leur densité suprême,
une marche triomphale, un éblouissement d'apothéose
parurent dans le cadre de la porte et des filles étalant sur
leurs jupes somptueuses toute la fougue, toute la magnifi-
cence, toute l'exaltation des rouges, depuis le sang car-
miné des laques jusqu'aux flambes du capucine, jusqu'aux
splendeurs glorieuses des saturnes et des cinabres, tout

le faste, tout le rutilement, tout l'éclat des jaunes, depuis les chrômes pâlis jusqu'aux gommes-cuttes, aux jaunes de mars, aux ocres d'or, aux cadmium, s'avancèrent, chairs purpurines et débordées, crinières rousses et sablées de poudre d'or, lèvres voraces, yeux en braises, soufflant des haleines furieuses de patchouli et d'ambre, de musc et d'opopanax, des haleines terrifiantes, des lourdeurs de serres chaudes, des allégros, des cris, des autodafés, des fournaises de rouge et de jaune, des incendies de couleurs et de parfums.

Puis, tout s'effaça, et alors les couleurs primordiales : le jaune, le rouge, le bleu, les parfums pères des odeurs composées : le musc-tonkin, la tubéreuse, l'ambre, parurent et s'unirent devant moi en un long baiser.

A mesure que les lèvres se touchaient, les tons faiblissaient, les senteurs se mouraient; comme les phénix qui renaissent de leurs cendres, ils allaient revivre sous une autre forme, sous la forme des teintes dérivées, des parfums originaires.

Au rouge et au jaune succéda l'orange; au jaune et au bleu le vert; au rose et au bleu, le violet; les non-couleurs même, le noir et le blanc, parurent à leur tour et de leurs bras enlacés tomba lourdement la couleur grise, une grosse pitaude qu'un baiser rapide du bleu dégrossit et affina en une Cydalise rêveuse : la teinte de gris-perle.

Et de même que les tons se fondaient et renaissaient différents, les essences se mêlèrent, perdant leur origine propre, se transformant suivant la vivacité ou la langueur des caresses en des descendances multiples ou rares :

maréchale, à base de musc, d'ambre, de tubéreuse, de
cassie, de jasmin et d'orange ; frangipane extraite de la
bergamote et de la vanille, du safran et des baumes de
musc et d'ambre ; jockey-club issu de l'accouplement de la
tubéreuse et de l'orange, de la mousseline et de l'iris, de
la lavande et du miel.

Et d'autres... d'autres... nuances du lilas et du soufre,
du saumon et du brun pâle, des laques et des cobalts
verts, d'autres... d'autres... le bouquet, la mousseline, le
nard, éclataient et fumaient à l'infini, claires, foncées,
subtiles, lourdes.

.   .   .   .

Je me réveillai — plus rien. — Seule, au pied de mon
lit, Icarée, ma chatte, avait relevé son cuissot de droite
et léchait avec sa langue de rose sa robe de poils roux.

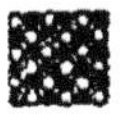

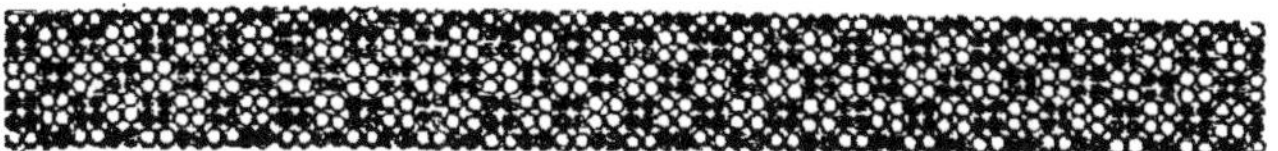

LE GOUSSET

A Guy de Maupassant.

Il est des odeurs suspectes, équivoques comme un appel dans une rue noire. Certains quartiers du Paris laborieux les dégagent lorsqu'on s'approche, l'été, d'un groupe. L'incurie, la fatigue des bras qui ont peiné sur d'accablants travaux expliquent l'âpre fumet de bouc qui s'élève des manches.

Plus puissant encore et plus rude, je l'ai suivi ce fleur à la campagne sur un peloton de faneuses passant en plein soleil. C'était excessif et terrible ; cela vous piquait les narines comme un flacon débouché d'alcali, ou vous les

saisissait, irritant les muqueuses par une rude senteur
tenant du fauve relent du canard sauvage cuit aux olives
et de l'odeur pointue de l'échalotte. Somme toute, cette
émanation n'avait rien de répugnant et de vil; elle se
mariait comme une chose attendue, à l'odeur formidable
du paysage; elle était la note pure, complétant par le cri
de chaleur de la bête humaine la mélodie odorante des
bestiaux et des bois.

Mais laissons cela; aussi bien, je ne veux pas m'occu-
per des goussets négligés, de l'humanité bestiale, popula-
cière et campagnarde, sans souci d'ablutions et sans
moyens de repos; je veux simplement parler de l'exquis et
divin fumet préparé par les femmes de nos villes, où
qu'elles se trouvent et chauffent, dans un bal, l'hiver, ou,
dans une rue, l'été.

Moins tamisé par la batiste ou par la toile qui le raf-
finent en le vaporisant, comme fait d'ailleurs le mouchoir
de l'essence qu'on y verse, le parfum des bras féminins
est moins clarifié, moins délicat et moins pur dans la robe
ouverte du bal. Là, l'arome du valérianate d'ammoniaque
et de l'urine chlorurée, s'accentue brutalement parfois et
souvent même un léger fleur d'acide prussique, une faible
bouffée de pêche talée et par trop mûre passe dans le
soupir des extraits de fleurs et des poudres.

Mais, c'est au moment où la Parisienne est la plus
charmante, au moment où sous un soleil de plomb, par
un de ces temps où l'orage menaçant suffoque, elle chemine, abritée sous l'ombrelle, suant ainsi qu'une gargou-
lette, l'œil meurtri par le chaud, le teint moite, la mine

alanguie et vannée, que sa senteur s'échappe, rectifiée par le filtre des linges, tout à la fois délicieusement hardie et timidement fine!

Jamais femmes ne furent plus désirables qu'à ces instants où les robes d'oxford les moulent de pied en cap, collantes comme les chemises mouillées qui les emprisonnent dessous. L'appel du baume de leurs bras est moins insolent, moins cynique que dans le bal où elles sont plus nues, mais il décage plus aisément la bête chez l'homme.

Diverse comme la couleur des cheveux, ondoyante comme les boucles qui la recèlent, l'odeur du gousset pourrait se diviser à l'infini; nul arome n'a plus de nuances; c'est une gamme parcourant tout le clavier de l'odorat, touchant aux entêtantes senteurs du seringat et du sureau, rappelant parfois le doux parfum des doigts qu'on frotte après y avoir tenu et fumé une cigarette.

Audacieux et parfois lassant chez la brune et chez la noire, aigu et féroce chez la rousse, le gousset est flottant et capiteux ainsi que certains vins sucrés chez la blonde, et l'on pourrait presque dire qu'il est en complète accordance avec la façon qu'ont les lèvres de distribuer le baiser, plus appuyée et plus colère chez les brunes, plus fervente, plus personnelle peut-être chez les blondes.

Mais que la couleur des toisons poussées dans les dessous de bras soit foncée ou claire, que leur bouquet ondule comme une moustache, ou frise comme de minces copeaux d'acajou et de palissandre, il faut bien avouer que la nature est maternelle et prévoyante, car elle a distribué ces boîtes à épices pour saler et relever l'amoureux ragoût

que l'habitude rend si indigeste et si fade même à ces
résignés de la chair qui ont sciemment consenti à abdi-
quer, dans une commune alcôve, leur goût absolu de repos
et de diète.

TABLE DES MATIÈRES

Bruxelles. — Imp. Félix Callewaert père.